AF431105

Una iniciativa e idea original de:

TESTIGO
ediciones

# Poemas de pandemia

*- Selección poética -*

De esta edición:
**2020, Editorial Testigo Ediciones.**
17 avenida 2-53 zona 6, Guatemala, Guatemala.
Teléfono: 5232-0174
Sitio web: testigoedicionesgt.blogspot.com
Correo electrónico: testigo.ediciones@gmail.com

ISBN: 978-9929-761-05-6

Agradecimientos a
Rómulo Mar

Seleccionadores
Violeta De León Benítez
Gustavo Bracamonte

Diseño
Portadas: Rodrigo Villalobos
Diagramación: Rodrigo Villalobos
Edición: Rodrigo Villalobos

Prólogo
Rodrigo Villalobos

# Índice

# A modo de prólogo

«Muy audaz parecerá talvez el llevar el arranque de la poesía hasta un acontecimiento tan decisivo, tan en lo hondo de la naturaleza humana, que no hay ciencia que lo pueda alcanzar, ni medir…»

María Zambrano, *Filosofía y poesía*, pág. 93.

El Covid-19 se esparció, nos ha dejado como hojas de papel en el ojo del huracán. Nuestro trabajo como copiladores de nuestra propia mente nos ocupa en ese papel, para adueñarnos de un espacio efímero, un tiempo efímero y de palabras efímeras.

Ahí, en el ojo del huracán, entre encierros, decisiones gubernamentales, muertes lamentables de hermanos, hermanas, padres, hijos, amigos y parejas, nos hemos logrado hermanar; a veces, a través de la tarea rigurosa de la literatura, otrora por mero azar de la naturaleza humana. Estamos reclamando un espacio y un tiempo que jamás nos ha pertenecido, pero en el que hemos encontrado conformidad, rutina e, incluso, hastío.

Nuestras acciones, nuestros gobiernos, nuestras mascarillas, incluso los pediluvios y los servicios a domicilio, nos han enseñado a ser impermeables al tacto, a la cotidianidad, a la antigua normalidad y al virus. Ah, pero la poesía, esa, efímera como ella sola, la más efímera de las voces entre las musas, esa es la que nos ha anclado al mundo, plasmando con escritura un trozo de historia que para muchas generaciones posteriores parecerá irreconocible.

Gracias por atender al llamado poetas, gracias por atender a la cita con la literatura y la historia. Gracias porque desde sus voces podemos alcanzar un pedazo de paz, un retazo de alegría, una sobra de humanismo, una rebanada de reflexión.

Sus textos nos han marcado el camino donde solo había hojas de papel sueltas y a la deriva, es el oficio y el compromiso de sus plumas el que nos va a sacar de la tormenta de encierros pandémicos que quieran acabar con rastros de vida y recuerdos de muerte. Nuevamente, gracias…

Cuarenta veces gracias por estos cuarenta textos para cuarenta pandemias venideras, o las cuarentenas que vengan.

**Rodrigo Villalobos Fajardo.**

*Ciudad de Guatemala, 11 de septiembre 2020.*

# POEMAS DE PANDEMIA

## Alan Barrera

Alan Fernando López Barrera. Nacido en Ciudad de Guatemala, inscrito en Jutiapa. Fundador y director de la *Revista Luna: Versos de Plata*. Tallerista de escritura creativa, poesía y novelas. Gestor cultural de recitales poéticos y talleres en Ciudad de Guatemala y Quetzaltenango. Y organizador de charlas sobre escritura creativa y psicológica. Narrador de audiopoemas y audiocuentos, en colaboración con escritores nacionales e internacionales.

## 1. Versos de plata (el encierro)
### -Alan Barrera-

Llueve de nuevo y desde mi ventana hay remolinos en las calles, algunos huracanes en las casas y una interminable ironía de posibilidades. Así se vive en Guatemala. Enfriando el café, con ropa mojada, una gotera, otra cerveza a la orilla de la cama. La realidad de la danza del chapín va desde el agradecimiento cómodo, a la desilusión colectiva.

Agradecemos por el pan que nos corresponde, nos motivamos con la soga al cuello y agradecemos por cada gota en la pila.

Y desilusión porque no hay nada escrito en las paredes. O quizá sí.

Para mí no existen los maestros, nadie puede ser el hombre más sabio o la mujer más indomable. Nadie es eterno para conocer y escribir la verdad de las alcantarillas y los cielos.

Ahora eres el héroe de tu historia.
A ti te salvas del diluvio.
A ti te coronas.
A ti te mandas postales del pasado, con esperanzas escritas.

Hay risas que son medicina no prescrita. Hay abrazos que terminan guerras, en tu casa o en el barrio. Cuando perdonas a un hermano, o pagas una deuda, es el calor de la libertad con tu patria o los prados.

Así es la vida en Guatemala, más libros en la gaveta.
Más basura en el patio.
Más oportunidades para morir.
Más arte en las calles.

Mi casa tiene flores.
Tiene una vista al parque.
Tiene dos árboles de limón.
Humedad en las paredes.
Botellas de colección.
Llaveros sucios y extraviados.
Láminas rotas.
Espejos astillados.
Pastillas vencidas.
Azúcar morena.
Almohadas blancas.
Y tres pinturas sin colgar.

Todas estas cosas no me conocen. Y nunca lo harán.

Así entiendo que los buenos versos.
Son aquellos que siguen goteando.
Aún en el encierro, siguen susurrando en la oscuridad y brillando en los jardines.
Hay frases que se acomodan en el alma y no se olvidan para siempre viajar en sueños despiertos.

Si en este momento muero, la tierra seguirá igual,
Pero hay versos, que parecen ser de plata y aún siguen llorando.

**Boris Enrique Alcántara Peña**

El autor recala al nacer en la ciudad de Jutiapa un 5 de octubre de 1959. Su infancia estuvo marcada por las constantes inmigraciones desde el terruño a la capital. Se gradúa de Maestro en Educación Primaria Urbana en el Instituto Normal de Magisterio "2 de Junio" de Jutiapa donde se inicia en el Arte Dramático al frente del Grupo "Divulgación". Ya en la capital se inscribe en la Escuela de Teatro "La Galera", donde sus maestros lo forman en los vericuetos del arte de Vanguardia. Luego se incorpora al movimiento teatral. Posteriormente, se une al grupo de Títeres "Teatro Latino" con quienes desarrolla una importante labor popular. Sus derroteros lo llevan a fundar su propia compañía: "Títeres Berrinche", y se incorpora a la televisión haciendo anuncios y participando en programas infantiles. En ese trajinar se une a Espectáculos Marcel donde se consolida como libretista y actor de teatro infantil. Esa relación con la escritura lo hace desembocar en la literatura y su trabajo empieza a ser reconocido, al ganar importantes premios.

## 2. La estrofa solitaria
### -Boris E. Alcántara Peña-

*A Milton Torres Valenzuela*

«Y en la hora de las horas
se revertirá el tiempo y desnaceremos
y clamaremos por la existencia
ante la tempestad».
**Isabel de los Ángeles Ruano**

De vuelta atrás
al frío calcáreo del medioevo
al gótico más que al romanticismo
al oscurantismo más que al renacimiento.
Donde las curas eran malditas
mandrágora
florifundia…
¡Pero curaban!
De vuelta al astrolabio
para encontrar tus labios.
Al sextante atribulado.
A la veleta que con toda seguridad
señalará el desastre final.
Escuchen profanos:
¡Peter Pan infestado está!
El maleficio es
ser humano…
¡Divo¡
¡Virgen!
¡Suegra de los dioses!
La maldición de los siete enanos:
Viviréis endeudados en Corona virus…

Esta no es una pandemia
es una guerra
de los pocos
contra los muchos.
¡Es un castigo del efe eme i!
Monteforte lo dijo:
El planeta
es una finca del Dr. Simi.
Pobre arameo…
Si Dios murió de tos
no se va a morir Donal Tramp
de una gripona.
¡Oh Dante tu infierno es un paraíso!
¡Mi Ángel de la Guarda se declaró en
confinamiento perpetuo!
Renunció a sus labores protectoras
para lanzar los dados al cielo
y la cura
sea
cosa de la suerte.
Pero las vacas sacrosantas en sus sillas
presidenciales
niegan los acuerdos
esconden los millones
chillan en bancarrotas inventadas.

Y la poeta Isabel de los Ángeles Ruano
la que no quedó a deber
ni la renta
ni la luz
ni el agua bautismal
-porque nunca la tuvo-

ella
mi pachamama de violentos ojos rojos
bendice con versos
cada funeral.
Desde ayer no somos los mismos
hoy somos alquimistas
esotéricos iluminati
en pos de la vacuna perfecta
en el humilde jengibre
en el olor ancestral del eucalipto.


Y
el padrastro sol
eructa sus rayos
con rotundo reproche:
...se los dije!
¡SE LOS DIJE!
El pálido gel de tu mirada
no es nada ante el santo grial
las respiraciones truncadas
la fiebre infernal
las telúricas expectoraciones...
¡Piiiiiiiiiiiiiiiiiiiiiiiii!
Riiip.


Minusválidas águilas
que aceptaron su condición de rastreras
cucarachas
porque se pertrecharon de sueños malhechos
cantos de búhos
destemplados gorriones
cacatúas que sólo cantan en el congreso
sí les pagan con dólares americanos.

¡Oh, Micifuz!
El internet asesinó mi entendimiento
con mentol.
Mi Virgen Negra se fue de bruces
en esta virginidad regenerada
sin besos
ni sexo oral.
¡Qué grandilocuente drama!
¡Qué amarga payasada!
Sin juicio
sin sentencia firme.
En río revuelto no hay peces
ni pesca
ni anzuelo
ni carnada…

Es el holocausto del alcohólico gelatinoso
sin miel
sin hiel
sin pena
sin redención.
Ahora añoramos a la Santa Inquisición
a las altas atalayas de Jericó
al foso protector
a la monarquía todopoderosa
a los cíclopes.
¡Oh guillotina!
¡Oh perfecta hoguera!
AÑORAMOS:
La certera flecha
de un Robin Hood cooptado
por una
¡MANZANA PODRIDA!

## Omar Sandoval

Nací en la Ciudad de Guatemala en octubre de 1955, hijo de padre oficinista y madre maestra en corte y confección. Viví de niño el inicio del conflicto armado interno, y ya de joven su época más álgida. Mi interés en la literatura data de los 9 años de edad, cuando leí mis primeros libros; comencé a escribir poesía quizás a los once o doce años de edad. He leído mucha poesía, de autores de todo el mundo y de todas las épocas. Publiqué poesía en *Prensa Libre* (Rincón poético) junto con Humberto Ak'abal, luego en el suplemento "La Teluria Cultural" dirigido por Carlos René García Escobar, en *Diario La Hora,* y en la revista *Horas Extras.* Miembro del grupo literario Vértice con el que hacíamos lecturas de poesía en "La Bodeguita del Centro". Médico de profesión y escritor de poemas, ensayos y relatos. Miembro de la *Asociación de Médicos Escritores.* Actualmente, colaborador de la *Revista Luna Versos de Plata.*

### 3. ¿Qué haces Oscar?
-Omar Sandoval-

*A Óscar, y a todos los médicos*
*que han muerto en el frente de batalla.*

«Alfonso: estás mirándome, lo veo»
**César Vallejo, Poemas Póstumos**

Estás ahí, solo, en ese largo pasillo de la vida,
de tu rostro alcanzo a ver sólo tus ojos
con tu mirada adusta y tu corazón de minero
porque estás en ese interminable túnel
sintiendo el aliento de las almas que se van
de este miserable territorio de la infamia.
En ese instante no sabías lo que vendría
o acaso tu mirada era un adiós anticipado
no sabías que también tu levarías las velas de tu alma
y cuál barco vikingo te adentrarías en las profundidades
de ese mar de hielo con su cielo de plomo.
Te fuiste, Óscar, con los tuyos
con esos hermanos tuyos de tu pueblo
a algunos llevaste, ¡oh gran capitán!
a litorales seguros, a la otra orilla,
a esos manantiales tan firmes de la vida
y cómo buen capitán te hundirse con la nave
de tu alma noble de incansable entereza.
¡Qué van a saber los políticos- arpías
de nobleza, de ser un alma de roble y a la vez de geranio,
de dar la vida por sus hermanos como lo hizo Cristo!
Ellos se ceban los bolsillos de mezquinas monedas
pero sus almas serán juzgadas algún día
y en ese juicio estarán las almas de aquellos desvalidos.

Serán juzgados también por todos los hombres de Nínive
por las gentes de Sodoma y de Gomorra
porque son peores.
Pero tú, Óscar, te fuiste cadencioso,
con el sigilo de las dalias
con tu espíritu sediento de aguas y de ríos de bondades.
Y si pudiera, Óscar, te daría un fuerte abrazo
y agotaría con las aguas de esos mares gélidos
de tu partida
estas mis lágrimas masculinas y sinceras
porque me duele que hayas muerto, Óscar,
vestido con tu atuendo celeste de médico guerrero.
¡Me duele tu muerte hasta el dolor y hasta la ira!
Algún día te alcanzaremos,
quizás también en nuestras barcas.
Y tal vez seamos dignos, como tú, de ir más allá de
nuestras cómodas mentiras
y entonces sí te abrazaremos, y cantaremos con tu voz
y bailaremos con vos esa bachata que tanto te gustaba
y volveremos a reír cual camaradas, Óscar, ¡te lo juro!

## Claudia Figueroa

Mi nombre es Claudia Alexandra Figueroa Oberlin. Nací en la Ciudad de San Salvador el 6 de enero de 1978. Actualmente radico en Guatemala. Tengo doble nacionalidad por ser hija de padres guatemaltecos. En 2011 me gradué de Licenciada en Ciencias de la Educación con especialidad en Educación Parvularia de la Universidad Francisco Gavidia. Pertenezco a diferentes colectivos literarios como la *Academia Nacional e Internacional de Poesía SMGE, Unidos por las Artes, Movimiento Literario de Centroamérica, Asociación Actuales Voces de la Poesía Latinoamericana, Academia Latinoamericana de Literatura Moderna*, Embajadora Cultural en el Mundo por la *Cámara Internacional de Escritores y Artistas y Artepoética Latinoamericana*. Comencé como locutora de *El Barco del Romance Radio en Línea*. Ahora estoy en *Radio Travesía Master*, soy columnista del periódico *El Siglo* de Guatemala, periodista cultural de *Revista La Fábri/k/, Revista panorámica cultural* de El Salvador, y *Diario de Los Altos* de Guatemala. Y colaboro en diferentes antologías internacionales. Además de tener algunos libros publicados.

## 4. Esta noche
### -Claudia Figueroa-

Esta noche la cubre la neblina,
las estrellas, aunque se encuentren ocultas,
se manifiestan tal como ninguna,
el anuncio que trae un nuevo día.

Esta noche el encierro pone triste,
a todo aquel que hasta el mundo se olvida,
un virus llena de miedo su vida,
y una corona que del cielo viste.

Un grito callado en medio de la noche,
surge desde las entrañas del destino,
el viento rige el rumbo de mi camino,
allá donde mi voz pierde su toque.

Esta noche… esta noche es diferente…
el silencio se cuela entre los huesos,
que bebe de un solo trago el veneno
que la luz de la luna trae la muerte.

Esta noche camina sigilosa,
vigilante bajo el manto del cielo,
donde el vago sonido alza su vuelo,
y la vida en un sueño se transforma.

## Paula Guzmán

Terrícola, ha vivido un terremoto, una pandemia, ha llenado sus ojos con todas las lunas y atardeceres posibles, guardiana del conticinio, madre de un chico excepcional con el que juntos han compartido el milagro de la esperanza, creyente de la magia de la palabra y de la solidaridad.

### 5. Detox para la Tierra
-Paula Guzmán-

Necesitaba un detox de nosotros,
necesitaba ella sola vestirse otra vez de paraíso,
necesitaba que sus dos hijas más agradecidas:
flora y fauna se llenarán con el exquisito sonido del silencio.
Es que no veis que eres el problema:
depredas, contaminas, consumes, deforestas, agotas, ensucias, explotas, extingues.
Tú crees que me matas,
yo creo que te suicidas terrícola.
No me vengas con la retórica frase de "la nueva normalidad", tu estupidez es histórica.

## Felipe Tambriz Tambriz

Nació en 1987, en una comunidad indígena del municipio de Nahualá, departamento de Sololá en Guatemala. Desde niño, en la escuela, participaba en actividades de declamación. Desde 2003 empezó lo que actualmente él llama "su conversión a la poesía". Su primer poema lo escribió en el año 2005. Para el 2008 luego de graduarse de maestro de educación primaria, inició a escribir su primer libro de poemas en k'iche' y español. Desde entonces, ha participado en diferentes certámenes y festivales de poesía de carácter nacional e internacional. Para el año 2018 fue publicado su primer libro "No todo está escrito" por la *Editorial Universitaria* de la USAC. Actualmente se dedica a la docencia y es estudiante universitario. Muchas de sus obras poéticas pueden consultarse en dichos sitios de internet; además, sigue trabajando en la publicación de más obras literarias para aquellos que "en cada poema encuentran la vida y el sentido místico".

## 6. La pandemia de la poesía
-Felipe Tambriz Tambriz-


La pandemia de la poesía
ha traspasado la historia
el silencio y los idiomas.

La pandemia brota de nuestras letras
y aumenta con la lectura
y los recitales.

No produce cuarentenas agrias
que ameriten desdeñarse en silencio.

La poesía es la pandemia
que propagan los poetas
infectan los editores
y multiplican los libreros.

Los gobiernos no decretan cuarentenas
contra nuestra pandemia
ni toques de queda
contra nuestros festivales.

La pandemia de la poesía
asaltó Facebook, Twitter e Instagram
la poesía es un virus
que se infecta con los libros
y se aplaude en festivales.

La pandemia de la poesía
la creamos los poetas
y no debe haber cura
ni laboratorios que lo combatan.

La pandemia de la poesía
la celebramos, la fomentamos
la pandemia de la poesía
son mis versos, mis estrofas
mis poemas.

## Rosanna Dubón

Rosanna Dubón Bendfeldt. 57 años de edad. Nació en Salamá, Baja Verapaz el 8 de diciembre de 1963. Es maestra de Educación Primaria Rural por profesión. Escritora por vocación.

### 7. Reflexión
-Rossana Dubón-

Ya nada es como antes…
Poco a poco nos hemos acostumbrado.
Los besos y los abrazos se han convertido en armas
mortales,
a los mayores la soledad nos acompaña,
a los jóvenes y chicos, la tecnología.

Ya nada es como antes,
poco a poco la vida nos han robado,
la alegría de los nietos nos arrebataron,
el calor de la familia se está alejando,
todos buscamos refugio en evasiones.

Ya nada es como antes,
nuestros seres amados parten solos,
no podemos despedirlos con abrazos,
no podemos honrarlos como hermanos.
No podemos consolar a la familia.

Ya nada es como antes,
las reuniones familiares jamás serán las mismas,
faltarán todos aquellos que partieron,
sin despedidas, sin abrazos, sin promesas,
sin voces susurrando, sin apretones de mano.

YA NADA ES COMO ANTES…

## Eynard W. de Conqueabur

Eynard W. Menéndez. Nací el 2 de octubre de 1990 y digamos que me he afincado entre La Antigua Guatemala, Jocotenango y Santa Ana. Soy un fulano más entre tantos miles de miles de millones en la faz de esta desazón en la que coincidimos, para bien o para mal, pero particularmente soy libra de Dohko y de Shiryu, y la red k'at. Me gustan las bibliotecas, y los libros que tienen sellitos, firmas o alguna marca en particular del lector o dueño pasado. Procuro respetar a los animales no comiéndomelos. FC Barcelona y Antigua GFC de toda la vida, la cosa más importante de las menos importantes. Intento escribir poesía y a veces narrativa, e incluso algunas veces se ha cometido la osadía de publicar esos garabatos. Fundador y coordinador de la cartonera *Proyecto editorial Los zopilotes*, así como del *Certamen de Poesía Cantos de Trova* y del *Certamen de Cuentos El Palabrerista*.

## 8. *Apocalipsis now*
### -Eynard W. de Conqueabur-

> «El mundo se va a acabar,
> el mundo se va a acabar,
> si un día me has te querer,
> te debes apresurar.»
> **El mundo, Molotov.**

Confinamiento,
destrucción parsimoniosa y letal
de la usual comodidad de la vida civilizatoria
que ostentábamos: destrucción general de cada una de las
partes
de una mesa de tres patas
sobre la que se sostiene la desigualdad,
a veces que emerge como tan casual
del mundo en su diario quehacer:
balbuceamos ditirambos como exhaladas emitidas
por un caos tan pertinente en una realidad
que tarde o temprano colapsaría:
y aquí nos encontramos,
después de todo solos en medio de nuestra inmundicia,
después de todo solos como vinimos al cosmos,
después de todo solos como nuestra alma demanda
un frugal egoísmo en capacidad
del pago con prórroga del amor,
después de todo solos bajo la fría y húmeda intemperie
con la muerte rodeándonos como serpiente en acecho,
después de todo solos / indefensos
y a la deriva de cualquier brusco movimiento que nos
pueda hacer estornudar:

a eso hemos llegado
como un rayo proveniente del cielo
en forma de un castigo por nuestra avaricia
/ desamor /
ingratitud /
voracidad /
apetito insaciable por la tierra toda:
la vida quiere decirnos,
nos implora que ya basta /
váyanse /
muéranse / redúzcanse…
sin embargo, aquí seguimos todavía.
Enrique dice algo así como que
cuando intentamos descifrar
nuestro espacio
todo el alrededor se estrecha:
cuánta razón…
porque ahorita mismo
nos estamos dando cuenta
que intrínsecamente necesitamos
del infinito horizonte del exterior para explorarlo,
aún más
porque no nos cansamos:
con ansias nos descuartizamos en el encierro
propio de nuestras corazonadas y descorazonamientos,
es impecable el miedo por no volver a ver la vista al
futuro con los mismos ojos,
introducirnos en el abismo
incesante del demonio
que habita en el infierno que hemos alimentado
bajo la sombra del fantasma embaucador que somos:

esto es una grácil mentira
por la que hemos alucinado nuestros ligeros sueños
y aquellos más profundos poco a poco
se han ido desvaneciendo porque huelen el miedo:
tenemos miedo /
sentimos miedo /
respiramos miedo /
vomitamos miedo
porque ahora es un sentimiento
y sí,
es aterradoramente invaluable
porque se inserta en nuestras entrañas
y las próximas generaciones nacerán con el semiconductor
inmerso en su espíritu y en su memoria
como los días / meses / años
en que surgió una oleada desaforada
que nos hizo sentir vulnerables
y,
aunque a veces cueste admitirlo,
sencillamente mortales
con el paso fugaz a cuentagotas por los días de nuestra
existencia,
he ahí,
entonces,
que debemos tener cuidado.

### 9. La desgracia
-Eynard W. de Conqueabur-

> «Yo era un hombre bueno,
> si hay alguien bueno en este lugar,
> pagué todas mis deudas,
> pagué oportunidad de amar.»
> **El fantasma de Canterville, Sui Géneris**

Sueños bruscos que te atropellan,
arcadas vacilantes que te ronronean la garganta,
aire insuficiente como antepenúltima exhalada de cien
metros planos,
subterfugios insospechados
para sobrepasar ilesos el día y la noche,
angustia desmedidamente angustiante por sabernos
inmortales,
no enfermos
para resguardarnos como inermes ratas temerosas en
nuestro escondite:
repaso la lista de contagiados mundial,
repaso la lista de muertos mundial:
números,
nombres y apellidos,
familiares y amigos,
personas, etc.,
¿pero desde cuándo tanta psicosis /
tanta bulla de tsunami atroz por la muerte?,
¿es impulso vital?,
¿es un deseo indeseado?,
¿es una variable indispuesta por la naturaleza?

La jugada a los dados es inevitable,
así como el que gana,
el que pierde,
el que se salva,
el que verá rodar su cabeza
de camino a un tortuoso cadalso con un fin indeterminado:
la soledad vaporosa nos corroerá
con delicia el cristal de nuestros nervios,
no hay vuelta atrás más que vivir con el virus,
diría *my Lord*,
somos víctimas siempre:
del sistema y su dinero,
del hambre y su dinero,
de la incertidumbre por falta de dinero,
de los corazones ingratos y su indiferencia por falta de
dinero,
de la enfermedad universal
para batirnos en una batalla más en medio de la guerra,
cuerpo contra pecho viendo el cielo azul de la borrasca
inmediata,
el silencio de una desdicha,
la palabra sonámbula del eco inconmovible
en un jardín sin flores
como un mínimo desierto inmaculado
con la cara de dios susurrándose al oído que el tiempo
pasará,
sí,
sabés cuándo,
el tiempo pasará porque somos efímeros
y nosotros martirizándonos por el porvenir a pesar de que
el mundo y el universo son tan amplios /

extravagantes /
vacilantes /
irresolutos /
indecisos como el océano vasto en su inmensidad y
perpetuos sin más ni menos que el espacio entre vos y yo
en una almohada:
Yo era un hombre bueno,
si hay alguien bueno en este lugar /
pagué todas mis deudas,
pagué oportunidad de amar.

## Fredy Santos

Soy un joven, originario de San Antonio Aguas Calientes, Sacatepéquez. Estudiante de Psicología; amante de la lectura, el café, el vino y las tardes morenas. Escribir es un bello hábito que cultivo desde los 13 o 15 años, aunque, me considero un poeta aprendiz todavía. He recitado mis poemas en actividades de la universidad y entre mis fieles amistades. Mis mayores logros en las letras son: haber colaborado con la *Revista Luna: Versos de Plata*, quienes publicaron algunos de mis poemas y, recientemente tuve la oportunidad de formar parte de la *Antología Memoria del Taller de Poesía Experimental*, impartido por el doctor Carlos Interiano, en colaboración con el canal de videos de Facebook *Letras en Directo* y el colectivo *Sanates y Clarineros*.

## 10. Noticias desde casa
-Fredy Santos-

Aquí en casa no hay tiempo para nada.
El bullicio acaba con la paciencia.
Las conversaciones son dagas de fuego
lanzadas de un bando a otro;
pero todos salen perdiendo.

Aquí en casa ya no hay familiares,
se convive con el enemigo,
sabiendo
que el que se duerma es ejecutado.

Aquí en casa no hay banderas,
simplemente
porque haría falta colores
para expresar las carencias y conflictos;
que encima,
a nadie le interesarían.

Aquí en casa ni los hongos duran.
El clima es severo con ellos.
A nosotros nos inunda de apatía.

Aquí en casa estamos hartos del altoparlante
que solo repite las mismas mentiras,
a las que ya nos acostumbramos.
Que solo sirve para interrumpir
nuestra hora de lectura;

  aunque en casa no se lee.

Pero se reza con fervor inmunopatriótico.
Se repiten los mismos chistes,
a la misma hora,
en el mismo puesto a la mesa.

## Salud Ochoa

Periodista y Escritora Mexicana. Licenciada en Filosofía y Maestra en Periodismo. Durante casi dos décadas de actividad se ha enfocado en el Periodismo de Investigación. En diciembre de 2019 obtuvo el *Premio Estatal de Periodismo en Derechos Humanos* gracias al enfoque social y derechohumanista que ha impuesto tanto en sus publicaciones periodísticas como literarias, lo que valió también el reconocimiento como *Mujer Chihuahuense Destacada en Literatura* en marzo de 2020. Además del material impreso su obra literaria ha sido publicada en diversas revistas digitales de México, Estados Unidos y Colombia. Autora de los libros: *Entre las Sombras, Los ojos de la Luna, Lágrimas de Barro, Flores de un Paraíso Perdido, El Canto de las Brujas, Valkiria, Alas Robadas, La Tinta de los Cerezos y Sobreviviente*. Este último obtuvo el *Premio "Espiga de Oro"* en Perú 2018. También forma parte del catálogo *Cien años del Cuento Mexicano,* así como forma parte de diversas antologías mexicanas y latinoamericanas.

## 11. Dos mensajes
-Salud Ochoa-

Si muero moriré donde yo quiera
decidiré mi muerte, el lecho donde descansará mi cuerpo
y la forma en que lo haga.
no moriré en la calle, en un hospicio o cama de hospital.
Respetaré mi nombre y mis ideales
de principio a fin.
No quiero perder la dignidad en el encierro
tampoco en una sala llena de enfermos y desconocidos.
Que nadie mire la descomposición en mí.
quiero ser la misma hasta la muerte:
¡Digna, libre, fuerte!
No lloraré ni haré que los demás lloren por mí
respiraré hasta el último minuto
el aire que la vida me dé
y cuando la "llave" del oxígeno se cierre para siempre,
descansaré tranquila
porque habré cumplido mi cometido.
En el último aliento recordaré solo momentos buenos
para llevar conmigo el aroma de la felicidad.
Recordaré los ojos que me hicieron mirar distinto
las palabras de lucha, los sueños compartidos
y los deseos cumplidos.
Abrazaré las noches desveladas de amor
los besos furtivos y el "dónde estabas"
que nunca olvidaré.
Cuando muera, sabré que todo habrá valido la pena
aún las historias inconclusas y los "por qué te fuiste".

Si muero en esta lucha contra un ente invisible
recordaré tu nombre y marcharé dichosa de haberte
conocido.
No dejaré estela de llanto o sufrimiento,
por el contrario, quiero que haya felicidad tras mi partida,
porque fui plena, feliz, valiente y luché hasta la muerte.
Si pierdo la batalla te enviaré dos mensajes
sabrás entonces que mi cuerpo se ha ido,
pero mi alma siempre estará presente en las cosas que amé.

## 12. Panteón
-Salud Ochoa-

Un día de estos iré al panteón
a recostarme junto a tu tumba
para charlar como antes
para que no me olvides
y no te olvide nunca.

Llevaré tulipanes amarillos y rosas
dormiré en la esperanza de tu nombre
entonaré despacio tu canción preferida
con pétalos húmedos adornaré el silencio
para que el abandono no te hiera ni asombre.

Contaremos las horas de tu viaje
dibujarás el rostro de la luna en mi mano
deshojando nostalgias recordaremos juntos
la vida que me diste, el amor que dejaste
el vuelo de las aves, tu olor a madreselva
y el inquieto dolor que me roba los años.

## Lorena Pineda

Lorena Pineda de 32 años de edad, mujer y madre guatemalteca, actualmente se encuentra residiendo en Buenos Aires, Argentina. Militante feminista, madre autoconvocada en lucha por los derechos de las personas con discapacidad, trabajadora de casas particulares, aprendiz de escritora. La literatura es, para la revolución, el jardín más precioso en dónde cultivar los pensamientos que de la conciencia nueva han de emerger. Blog personal: *lapielalsur.blogspot.com.*

### 13. A casi 100 días del inicio del confinamiento
-Lorena Pineda-

A casi 100 días del inicio del confinamiento,
empecé a sentirme pesimista y carente de todo,
creo que la pérdida del sentido
                        y la supervivencia
entre lo absurdo
            que puede tornarse el mundo
no es nuevo para el ser humano.

No nos son nuevas estas sensaciones obscuras.

La guerra hace estragos
en la vida de los hombres y mujeres,
también en los territorios que ven nacer generaciones
aún manchadas de sangre.

La mía.
Yo no habré escuchado un misil romper mi casa,
no sé si es parecido a ver cómo se rompen los sueños
o saber cómo han muerto los héroes.

Veo la grilla de series que entretienen al mundo
            y todo es violencia,
                robos,
                    mafias,
                        cocaína,
                            whisky,
qué bien se la pasa la gente de la televisión
y la del cine…
me digo a mi misma,
esos robos millonarios increíbles,

¿quién no quisiera robar un banco
y que salga todo bien?
Yo si he querido.
Que mal la pasamos nosotros,
      encima encerrados,
            qué poca diversión tienen nuestros cuerpos,
            ya nada pasa en nuestras vidas inanimadas.

Andamos riendo chistes viejos,
      suspirando músicas pasadas
      de cuando nos sentimos felices.

Caminamos entre las sombras
de los cuerpos que hemos compartido,
recordando viejos amantes.
¡Si supieran que me estoy muriendo de ganas
por besar a un hombre!
¡Agarrarlo del cuello
y llevarlo hacia mis labios!

Y aunque los olores
aún se guardan en esa bóveda
que es la memoria,
ya nada pareciera nos satisface,
el mundo se ha amargado
a pesar de ese cielo impío,
por primera vez en cientos de años,
las estrellas brillan más intensamente,
hasta las veo más cerca,
      se ha limpiado el cielo
      gracias a la obscuridad
      de nuestros pensamientos guardados,
      gracias a la tortura de la ansiedad

de no saber mañana,
        al martirio de la depresión
de que sea siempre la misma mierda.


Se extraviaron los ideales,
la corrupción saqueó las escuelas de ideas
        y solo nos queda ir
        amasando sueños viejos
                mientras contemplamos
                cómo se ha ido destruyendo
                el entendimiento y la razón,
                explicando a un político
                la importancia de un respirador.
Estas son las columnas
de la sinrazón que sostenemos.


Si la comida
ha sido siempre para los dioses,
        que quienes la producen entonces,
                sean sus dueños.


Que se cumpla esa máxima
que dice que no cae una hoja de un árbol
si no es la voluntad de dios,
de ese dios a quien llevamos dos mil años
usufructuando nuestra libertad.
        ¿Hasta cuándo?
        Si el gobierno dice cuidarte en su nombre
        y para eso te escucha y te vigila.
        Te desaparece.


Y yo,
a pesar del pesimismo

que me ha hecho pesados los días,
sigo con ganas de tener un amor del bueno,
reír con él.


Sigo deseando tener una casa
y sembrar un rosedal que dé
                    hacia mi ventana.
Me rehúso a vivir
en un estado de guerra,
          parapolicial
                    y a seguir órdenes
                              de un soldado
                    que no se tentaría el alma
          en pegarme un tiro,
me rehúso a que un paquete de fideos
me calle la boca,
          me niego a vivir
                    con la cabeza abajo
                              y con miedo.


¿Y esta es la vida?
Preguntaría mi amigo
el astrólogo,
¡Estar perdidos, siempre perdidos!
Creernos merecedores de terribles castigos divino
y pandemias
que vienen cuando las hojas caen de ese árbol
que promete ampararnos,
nosotros rebeldes estúpidos,
para nosotros siempre ha sido el fuego del infierno.
Así nos han dicho,
pero yo sigo creyendo que
          a pesar de nuestra miseria

no debemos dejar que nos roben
la revolución y la alegría.


Dejémonos caer dentro del abismo
que nos llama
y no está mal a veces hacerle caso,
            pues de ahí venimos,
para después flotar y flotar,
con el corazón hinchado de voluntad,
        que a pesar de las desdichas de las torturas físicas
        y emocionales,
        del ayer o del mañana,
        flotar y flotar,
        flotar livianos
            como el sonido de una trompeta...

## Amir Iván Estrada Loskot

Amir Estrada Loskot, escritor guatemalteco, fundador del *Festival Internacional de Poesía en Antigua Guatemala*, ha participado en diferentes festivales nacionales e internacionales como poeta invitado y jurado calificador. Ha publicado dos libros de poesía, además de que sus obras se han replicado en diferentes antologías y medios escritos; actualmente está trabajando en dos nuevos libros, uno de prosa y otro de poesía.

## 14. (Sin título)
-Amir Estrada Loskot-

Entre la bruma de la incertidumbre,
buscamos encontrar regresos,
y es que es cierto que guardar el cuerpo
no es natural de los seres libres,
es difícil ver la muerte más presente e invisible;
es lacerante verte así sin mostrarme la sonrisa,
pero es justo, si encontrarte vivo es lo que quiero,
vivo para luchar, sano para ver tus nietos...
no corras, navegante de los sueños,
¿a dónde quieres volver?,
si antes de la peste,
la historia era igual de triste.
Acaso quieres pasar
de las banderas blancas
a los limosneros invisibles,
del hambre del trabajo
al hambre de todos los años,
de lavarnos las manos,
a ver qué se las laven como siempre,
de las mascarillas por la vida,
a las máscaras falsas de campaña
que no heredan más que la muerte.

¿A dónde vamos a volver?,
si la vida era igual de triste.

## 15. (Sin título)
-Amir Estrada Loskot-

El poeta es amante de rincones y de volar,
vive viajando,
atravesando el cementerio de las prisiones,
visitando cementerios
se hace amigo del desandar.

El poeta es una especie de muerto en vida
que tiene facultades de hombre vivo
porque puede besar,
y así también las de hombre muerto
que puede salir sin cuerpo
porque puede salir sin preguntar...

**María Magdalena Herrera Reyes**

Mujer y madre, ambas palabras con las cinco letras bien dichas. Soy huisacha, defensora de los derechos humanos, activista, actriz de teatro, amante de las artes, de la política, de la palabra. Soy cuida patojos, curandera, bruja, guía de animales, chispuda, chofer, chacha, mil usos, sancarlista de corazón, ¡una caja de sorpresas! Mi ombligo quedó en Huehuetenango enterrado, pero me tocó vivir la pandemia del otro lado del muro (desde Los Ángeles, California). ¡Me encanta la canción de *El necio* de Silvio Rodríguez! Quizá porque se identifica con una gran parte de mi vida.

## 16. (Sin título)
-María Magdalena Herrera Reyes-


Y ahí estabas, escondida,
entre la oscuridad de mi alcoba
entre cortinas, sin rostro, oscura, fría y calculadora,
con una gran hambre de compañía.


¡Qué te crees!
Me has quitado el sueño
sentí tu presencia
como cuando alguien te ve fijamente
sentí un escalofrío en la espalda
a pesar de estar en lo más profundo de mi inconsciencia,
me has molestado tanto con tu presencia
al interrumpir mi sueño
que, en vez de temblar, abrí los ojos, te vi y te grité:
-¡Vete a la mierda!


Tu aroma a flores amarillas
tu aroma a noviembre
tu aroma a fármacos, hospital y morgue
tu aroma a muerte
lo tuve por días en el olfato, que no se me ha borrado...


Hiciste que en mi orgullo doblegara mis rodillas
al verla a ella angustiada por días
se por quién has venido
los perros celebran tu venida

maldita calculadora y fría
mi abuela está en agonía
maldita aquí no eres bienvenida.

Esa hora de sombra, las tres de la mañana
no quiero sentir tu aroma
ni tener tus visitas
sabes que no eres bienvenida
no quiero saber de tu vida vacía
solo de sentir el dolor de tanta gente en agonía
dando su último aliento de vida
ver sus miradas idas
-¡Deja de interrumpir mi sueño!

Ahora con tantas almas siento que suplican tras mía
te he perdido el respeto
porque ahora no respetas ni horarios, no quiero verte
solo con ver cómo te llevas por montón a tanta gente
en este mal tiempo, lleno de oscuridad y sombra
este mal tiempo lleno de tinieblas y zozobra.

Tu excusa perfecta,
para trabajar horas extras
en este mal tiempo que le llamas pandemia.

-Oh espectro varón con nombre de mujer,
que no das tregua.
-Oh muerte que mala eres
vienes con sigilo dejando a todos sin olfato
¡para que no te sientan llegar en esta pandemia!

## Ligia García y García

Poeta, escritora, editora y docente universitaria. Ha publicado 7 libros de poesía, 3 de narrativa y un guion para teatro. Ha participado en múltiples festivales y ferias literarias dentro y fuera de Guatemala. En dos ocasiones obtuvo una mención especial en el *Certamen Internacional de Poesía Nosside*, donde se publicó su obra junto a la de poetas de todo el mundo. En 2013 recibió un homenaje por su producción literaria en la *Feria Internacional del Libro en Guatemala* - FILGUA-. En 2016 el *Festival Internacional de Poesía de Casa de los Altos* en Quetzaltenango llevó el nombre Ligia García y García, como reconocimiento a su obra.

## 17. (Sin título)
### -Ligia García y García-

Quiero ver de cerca que estás vivo,
y saberte vivo desde lejos,
quizá no lo has notado,
pero aquí, no nos morimos de viejos.
Aquí nos mata el silencio y la cobardía,
nos va matando el miedo y la melancolía.
Aquí se muere de angustia, cada día,
nos mata la indiferencia y la habladuría.
Aquí no morimos de viejos,
y vamos viviendo de suerte,
aquí no reina la vida, impera la muerte.
Quiero ver de cerca que estás vivo,
y saberte vivo desde lejos,
tal vez cambiemos el destino,
y podamos morir de viejos.

## 18. (Sin título)
-Ligia García y García-

Completé dos meses exactos
de estos votos de silencio,
de tinta seca
y ríos de preguntas,
incertidumbre
es mi paisaje
permanente,
incertidumbre
es la liturgia de mis horas.
Y empieza en cada ocaso
la cotidiana letanía,
casos, curas, vidas perdidas,
nuevas dudas.
Cuaresma y media
de religioso aislamiento,
mi casa se volvió
un convento de clausura,
me alejé hasta de mí
para envolverme en un capullo
de silencio,
me cobijé en una frazada
hecha de dudas.

**Rudy Alfonzo Gomez Rivas**

Rudy Alfonzo Gomez Rivas. [Aguacatán, Huehuetenango, Guatemala. 2 de julio de 1977]. Docente, escritor, editor, gestor cultural. Premio Especial de *Monólogo Teatral Hiperbreve Concurso Internacional de Microficción "Garzón Céspedes"* 2008, Madrid, España. Primera Mención con la obra *Aves de Papel* en el *Certamen Internacional de Poesía "Premio María Eugenia Vaz Ferreira"* Montevideo, Uruguay 2008. Ha publicado en poesía: SAUDADE (antología personal), ARENA DE LA MUERTE, MINUTO CERO, IMPERECEDERA MUERTE, EL SILENCIO COMO INVENTO, AVES DE PAPEL, LA FRÍA HOGUERA DE LAS PALABRAS y en narrativa: DESHEREDADOS INQUILINOS. Ha participado en congresos, encuentros, ferias de libros y festivales a nivel nacional e internacional. Director de la *Revista Literaria Voces Convergentes* de alcance internacional. Dirige el sello editorial *Cafeína Editores*. Fundador y Organizador del *Festival Internacional de Poesía Aguacatán* FIPA.

## 19. A la orilla del mar

-Rudy Alfonzo Gomez Rivas-

He llegado de tierras lejanas
trayendo sobre los hombros
nebulosas que trasgreden
el desgano y la desmemoria de espinas y pus.

Camino al son del horizonte
acallando fábulas
que proveen desnudos amaneceres.

En mí los espejos escarcha
hacen trizas el andar
que se ha quedado colgado
en ventanas amarillas.

El incienso es un aroma lejano
donde anida la voz infantil
de higos y pájaros rotos.

A la orilla del mar:
un sueño
una sonrisa
unas manos laboriosas
unos labios que invitan a la locura
una canción de Serrat
una niña abriendo sus alas ante el miedo
unos ojos inventando otro país.

## 20. Los perros y los epitafios
-Rudy Alfonzo Gomez Rivas-

Los perros constituyen un salvoconducto
que rompe premoniciones
                    a las cuatro de la mañana.

El alba no repara y me ofrece verdades
mientras los ladridos ahuyentan las horas
                las retahílas de la memoria
                        los soles

Camino sin brújula
cegado por la avaricia,
el bastón de ciego no impide
que caiga en el infierno
que envenena la sangre
y enceguece epitafios.

***(Del libro inédito *Mares en el corazón del perro*)**

## César Manrique De León Galindo

Poeta, escritor y crítico literario. Nació en la ciudad de Huehuetenango, el 28 de noviembre de 1990. Profesor de Segunda Enseñanza en Pedagogía y Técnico Administrativo por la USAC. Miembro de la *Asociación de Escritores y Artistas Españoles*, de la *Cámara Internacional de Escritores y Artistas*, de la *Asociación de Poetas y Escritores Universales*, de la *Conferencia Universal de Artistas – Escritores y Poetas*, del *Grupo Cultural Occeg* y de *Insuficiencia Cultural por Guatemala*. Embajador por Guatemala de la organización *Poetas Por la Paz y la libertad con sede central en Italia*. Miembro y embajador de la *Literatura en Guatemala por la Academia Popular de Uruguay*. Fundador y director del tríptico de poesía internacional *Acuario de luna*; y de la revista *Los molinos de Don Quijote*. Mención Honorífica en el concurso de *Microrrelato Virtual* de la *Revista La Fábri/k/*. Ha obtenido premios en certámenes de letras internacionales en: Italia, Ecuador, Bolivia, Uruguay y la India. Ha recibido distinciones de *Directorio Mundial De Letras, Historia, Arte Y Cultura*; asimismo, de la *Academia Popular De Uruguay*, por su corta, pero excelente calidad literaria. Sus textos han sido leídos en medios de Chile y Argentina. También figura en 18 antologías internacionales. Y ha dictado conferencias en la Universidad de Nariño, en Colombia.

### 21. Cartas a la nada (Carta 14)
-César Manrique De León Galindo-

Hay algo extinto, algo sin flores,
una combustión de sombras.
Lámpara de sueños al borde del precipicio,
mi alma sin sauces.
Abyección de pájaros infernales,
sus alas quebradizas apuñalan al sol.
Veleidad que reposa sobre el artrópodo
despojo de la nada.
Subterránea ola de escarabajos acongojados,
astros de oscuro tiempo,
marchita albahaca de llanto negro.
Máscaras amargas
de esquinas muertas.
Ángeles de mustia cuerda
que aprietan la noche con su pena.
La antigua huella de Dios se desintegra
por la mañana.
Nuestra historia sucumbe
entre los abismos.
La epopeya, de rosas está muerta,
molécula que nos sumerge en el vacío.

## Pablo Salvatierra

Pablo Javier Salvatierra Lemus, 32 años, originario del municipio de Amatitlán, Guatemala. Estudiante del 6º de la Licenciatura en Ciencias Lingüísticas con énfasis en traducción y del 7º semestre del PEM en Lengua y Literatura. Profesor del programa Aprendo en casa del Ministerio de Educación. Docente de Lengua y Literatura, y Filosofía en Liceo Tecnológico Guatemala de la Asunción. Básicos y Bachillerato por madurez. Publicaciones destacadas: artículo Ficción y vida: del "debes leer" a un "te invito a leer" en la revista *Innovación con conocimiento*, del Ministerio de Educación de Guatemala; poemario *Días de ruina entre lunas* (Editorial POE, 2019); artículo ¿Multiculturalidad o discriminación?, el caso de las lenguas mayas (Revista del INESLIN, FAHUSAC, 2019). Además, tiene participación en conferencias de literatura, filosofía y sociología como: *Descolonialidad en Tikal Futura de Franz Galich*. Ponencia en el XII Congreso Internacional de Filosofía. Universidad Rafael Landívar. Octubre 2019, entre otras.

## 22. Papelera de reciclaje
-Pablo Salvatierra-

Reciclado,
todo es reciclado:
nuestro cuerpo ya no es comida
para los gusanos,
es el alimento
de los otros que reencarnan.

Las sonrisas
se repiten en un eco
profundo de desolación,
vitrinas moribundas.

Sentir ¿es real?
Amar es una fórmula matemática
ya expirada.

Esta vida es una
papelera de reciclaje:
somos brevemente eternos.

## Jorge Mora Alfaro

Jorge Mora Alfaro es un sociólogo costarricense, con una prolongada vida académica. Tiene varias publicaciones sobre la educación superior y temas sociopolíticos y del desarrollo en la Región. Es ensayista y articulista. Recientemente ha incursionado en la poesía, expresando en ella su sensibilidad por la vida cotidiana y la realidad social circundante. Docente, educador, investigador y miembro activo de FLACSO.

### 23. Eterno 2020
-Jorge Mora Alfaro-

Transcurren los segundos,
los minutos, los días, las semanas,
la duda acompaña el largo acontecer.
No puedes permanecer impávido
ante la extinción y la tristeza circundante.

Las lejanías perduran,
las ausencias destrozan tu alma,
no puedes hacer tuyas las caricias, las sonrisas ni
los besos;
los anhelos compartidos
hacen una obligada pausa.

Se enumeran muertes, como se suman cosas
en una venta de almacén;
se esfumaron la compasión y la ternura humanas.
O, tal vez, habían dejado de existir.
Se habían perdido cuando la miseria y la niñez famélica
formaron parte del paisaje cotidiano,
sin provocar dolor o angustia alguna.

Todas nuestras debilidades salieron a flote,
todo lo sólido se volvió líquido,
de repente las costumbres se desvanecieron.
Las postradas naciones poderosas,
¿eran en verdad, tan solo, "tigres de papel"?

Emergió de repente de las sombras
un nuevo Auschwitz global.

Impávidos vemos desfilar a las nuevas víctimas,
no son judíos, intelectuales, partisanos o gitanos,
¡no!, son ancianos, humildes seres humanos
impedidos de suspirar.

¿Una nueva normalidad?¡La normalidad nunca fue!
¿Son acaso "normales" la desesperanza, el dolor
 y el hambre?
En la calle, la cuartería, el viejo rancho,
o en el hogar improvisado, subsistir no es una rutina,
es obligada lucha, abnegada faena, disfrazado gozo.
¿Permitirá la peste abrir los ojos a esa bufa humanidad
deshumanizada?

*San Antonio de Barranca, Naranjo de Alajuela, 2020*

## Susana Alvarez Piloña

Susana Alvarez Piloña [Guatemala, 1980]. Estudió la Licenciatura en Letras de la Universidad de San Carlos de Guatemala y la Maestría en Literatura Hispanoamericana en la Universidad Rafael Landívar. Es la editora de la revista electrónica de opinión y cultura *gAZeta*. Ha participado en varios eventos de carácter cultural y literario. Ha publicado dos libros de poesía *Retazos de olvido/recuerdo* (Editorial Universitaria, 2018) y *Letanías* (Pequeña Ostuncalco Editorial, 2018).

## 24. (Sin título)
-Susana Alvarez Piloña-

cargo el encierro en la cabeza
ocupan las cifras
el espacio de mis palabras
ahora solo sé contar
      contagios
           muertes
      pruebas
           mascarillas
no veo más que proyecciones
modelos matemáticos exponenciales
capacidades sobresaturadas
dolor y desventura

en cadena nacional
tratan de convencernos
de que han hecho lo mejor
      todo lo mejor
          y nada más que lo mejor
no debemos preocuparnos
dice
la economía se salva
      dice
ustedes se contagian

      a lo lejos
una sirena chilla
alguien se esconde en el umbral de una casa
las banderas blancas ondean
      en las esquinas
      en los puentes
      en las ventanas

no hay virus que pueda contra nuestra hambre

## Pablo Bejarano

Pablo Bejarano nació en La Antigua Guatemala en 1995. Actualmente radica en Ciudad Vieja y se ha dedicado a la escritura de poemas, cuentos, fábulas y ensayos. Su obra ha sido galardonada en diversos certámenes literarios del país, y ha aparecido en revistas nacionales impresas como electrónicas. Fundó en 2017 *El Atheneo de Guatemala*, fue miembro del programa radial *Versos Bohemios* y del club de lectura *Letras entre Ruinas*. En 2018 publicó su primer libro *La resurrección del verso*, en Editorial Atheneo de Guatemala, y en 2020 BAS Ediciones publicará su segunda obra *Agua que se quiebra*.

## 25. Pandemia
-Pablo Bejarano-

Ahora que es Egipto en todo el mundo
y en todo el mundo somos primogénitos,
ahora que la sangre del cordero
debe blindar a todos, porque es justo...

ahora que el café, donde mis libros
recorro pasta a pasta, está cerrado,
y está inmóvil el peso (que levanto)
del gimnasio do busco ser distinto...

ahora que el Jesús de mi niñez
ha quedado sin día y procesión,
y el mundo es una cárcel por temor
y suplica a la ciencia y a la fe...

ahora es el momento de enmendar
el paso que llevamos y de unirnos,
para acabar con el Coronavirus
siendo como una sola humanidad.

**Miriam de León**

Miriam de León Escobar es periodista y escritora guatemalteca. Trabajó como redactora de la sección cultural, *Guía 21*, del diario *Siglo 21*; fue comunicadora social del Ministerio de Cultura y Deportes de Guatemala, así como Coordinadora editorial de la revista *Identidad*, de dicha cartera cultural. También colaboró en otros medios de comunicación nacionales y extranjeros. Creó y dirigió el proyecto *MIA, la cuenta cuentos*, de narrativa infantil durante varios años. Laboró, durante más de 10 años, como diplomática en las Embajadas de Guatemala en Panamá y Estados Unidos de América. Ha publicado dos poemarios *Clepsidra* (en español, inglés e italiano) y *Trashumante.* Y recién acaba de dar a conocer un libro de cuentos titulado *La chica de la bicicleta.* (en fase de lanzamiento). Actualmente trabaja en varios proyectos literarios, entre estos: Coautora de un libro de cuentos infantiles (para publicar en 2020); y un tercer poemario en edición (para 2021).

## 26. Hallazgo

-Miriam de León-

Me descubro distinta,
algo me cambió
y hoy me descubro
triste, abatida
confieso hoy
que los brazos
no dan ya más abrazos
y veo con tristeza,
que los labios no acarician ni sonrisas ni besos.
Conocí de las bocas grises sin comida
y de las heridas que jamás cicatrizan
y de las manos diligentes sin faena
es por eso que hoy me invade la tristeza
que hoy me llega la congoja,
porque estoy justamente aquí
en mi rinconcito cálido
amparada por mis cuatro paredes
bajo el techo que me resguarda
y con las voces que me acompañan
viviendo en mi mundo propio,
en este mundo ideado por mí
y así, me ausento cuando quiero.
Me muevo a cada instante
vago y sueño sin descanso;
he encontrado mi mundo personal
y así, me abstraigo, me escapo
olvido y cierro los ojos
cierro los ojos hoy

y también mañana
porque sé
que algo penoso
me cambió
y hoy me
descubro
distinta…

**Elizabeth Terán Rojas**

Herlinda Elizabeth Terán Rojas nació el 02 de diciembre de 1979 en Quito (Ecuador). Comunicadora social, graduada en la *Universidad Central del Ecuador*. Poeta y escritora. Dedica al periodismo público y privado por más de 10 años. En el 2015 publicó su primer libro de poemas *Piel de espejo*, con la editorial *El Ángel editor*. Para 2016 su poesía formó parte de la antología de poesía internacional *Paralelo Cero*. En 2017, estuvo en la antología "Actuales voces de la poesía hispanoamericana", en homenaje al poeta guatemalteco, Ingleberto Salvador Robles Tello, editorial argentina *Literarte*. En el mismo año formó parte de la antología ecuatoriana de poesía femenina *Vuelo de mujer*, de la editorial *El Ángel Editor*. Su poesía está incluida en antologías ecuatorianas e internacionales. Ha participado en talleres literarios de la Casa de la Cultura Ecuatoriana, de la *Universidad Central del Ecuador*, la *Universidad Andina Simón Bolívar* y editorial *El Conejo*. Ha participado en talleres literarios. Varios de sus poemas están publicados en blogs literarios.

## 27. Las estaciones
-Elizabeth Terán-

Es invierno
mis ojos acompañan a la lluvia
sobre el florecer de nuevas rosas y geranios en el jardín.

Verano,
una paloma me presume sus vuelos de tejado en tejado
ella observa lo que hace el vecino en su patio
y degusta los placeres
de un puñado de arroz y migas de pan.

Llega la primavera,
aún sigo contemplando escenarios floridos
detrás de la ventana
la pluma de mis pestañas
pintan cada atardecer con esmero
como si el mañana no vendrá.

Huele a otoño,
las hojas del arupo caen
y renacen sus ramilletes rosa
abre más sus brazos
y crece tan alto
esperando tocar el cielo.

Libros por doquier
pluma, papel
y Vivaldi acompañándome con su violín
de estación en estación,

desde mi bunker
en un barrio alejado del ruido
y de un ejército de cuerpos.

Extraño el café del invierno,
los helados de colores en el parque,
la lluvia en la estación del bus
mientras leía un libro,
las hojas de los sauces sobre mis hombros,
el petricor de los campos,
el álbum de fotos
de los abrazos y sonrisas vivientes.

En esta existencia en línea,
me he acostumbrado a crear estaciones
en mi pecera literaria,
te regalo poesía
el vídeo del *tik tok* con alguna gracia
mi nuevo invento culinario
el abrazo que jamás te di en los días presenciales.

Pedí perdón a todos
bajo el sol, la lluvia,
la luna.
Debajo de las sombras de los árboles
volví a florecer
como el poema
cada vez más eterno
en el arco del monstruo de madera
de Vivaldi.

## Fernanda Barrileros

Su nombre completo es María Fernanda Barrileros López. Originaria de Ciudad de Guatemala y nacida un 10 de mayo de 1998.

## 28. Esto no tiene nombre
-Fernanda Barrileros-

El camposanto estremece al dolor,
un vagabundo buscando comida,
ave cautiva deseando folclor,
dar un suspiro y buscar la salida;
la somnolencia refleja el horror,
todos en busca de pan y bebida:
la realidad del pequeño bosquejo,
porque en el sueño me habló un sabio viejo.

Y de repente la luz se marchó
en mi inconsciente cautivo nocturno;
la decadencia de Guate ensanchó,
al resollar, todos piden un turno;
el depravado que al pueblo manchó
llorando muerte, en el fraude oportuno.
Aventurado el paisano despierto,
porque en mis sueños aún no está muerto.

**Heidy Marroquín**

Guatemalteca. Profesora de Lengua y Literatura y estudiante de Letras. Su poemario *Trece de junio* ganó el primer certamen nacional de poesía joven, 2018, otorgado por *Metáfora Editores* y el *Festival Internacional de Poesía de Quetzaltenango*. En ese mismo año, la revista mexicana *La Piraña* publicó parte de su poesía. Participó en el *Festival Internacional de Poesía de Quetzaltenango* en sus ediciones 2018 y 2019. Invitada al *Proyecto POSH, Festival Internacional de Expresiones Culturales de la Nueva Generación*, en la disciplina de Literatura, Chiapas, México, 2019. Colaboró en la Lectura de poesía de escritores desaparecidos durante el Conflicto Armado, promovida por el *Colectivo Cultural Pie de Lana*, 2019. Integra la antología poética hispanoamericana de mujeres menores de 30 años: *Para cuando nos volvamos a juntar en la cafetería a tomar café*, de *Chuleta de Cerdo Editorial*, junio, 2020. Participó en el encuentro de poesía latinoamericana en voces femeninas, en conmemoración del Día de la Integración de América Latina, *Programa Biblioteca del Migrante José María Vargas Vila, Argentina*, julio 2020. Recientemente participó en una tertulia literaria en Sáfica: colectivo de mujeres escritoras (Medellín). Su poemario *Los ojos de Nohemí* está en proceso de publicación con *Editorial Literateria*, Toluca, México. Y espera noticias para una posible publicación de su obra *El abril que nos espera*.

## 29. I

### -Heidy Marroquín-

Leemos y escribimos poesía
como forma de salvarnos,
quizás, después de todo,
para sentirnos menos solos
nos quedan las palabras
        el bullicio
que atraviesa las entrañas
al encontrarnos con un verso.

El temor de salir,
las calles solas y deshechas
lo que no éramos capaces de ver en los otros
nos aterraba.
Luchamos contra una hoja de papel,
las palabras detenidas
        encerradas
de pronto, un verso
su motivo: la infinita incertidumbre de estar vivos.
La obsesión de entender por qué nos duele
por qué a nosotros
por qué ahora.

### 30. II

-Heidy Marroquín-

Lo que se siente al tocar tu mano
a través de ese toldo blanco, mamá
cuando estás en casa no hay pared que nos separe
y entonces, me alejo,
me refugio en una habitación: leo, escribo, canto.
Luego, cocino algo junto a ti
hablamos,
te beso y dormimos.
No, en casa no hay pared que nos separe;
pero, allí,
en aquel toldo,
la policía de seguridad vigila
para que no te vayas
o para que no me acerque,
ignoran en qué momento
mi corazón entró
y se quedó contigo.

## Risler Gabriel

Risler Gabriel, nació el 9 de diciembre 1976. Siendo pequeño se enamoró del teatro, ha realizado dramaturgia, actuación y dirección en creaciones teatrales religiosas, universitarias y sociales. En 2002, la poesía lo conoció, ha participado en varios grupos de poesía y talleres que los lleva en su corazón; para el 2005 publicó un poemario llamado *La palabra besa a su musa* de la colección "Pasos humanos por Guatemala", colección ganadora de un premio realizado por el Banco Interamericano de Desarrollo.

### 31. Cuando te nombre
-Risler Gabriel-

Maga que conviertes
un aburrido lunes
en un
famoso domingo;
y tú, domingo,
te conviertes
un cero a la izquierda
eco de desdicha
suenas en el horizonte,
ahora retumbas
en mi sagrada casa.
Quiero acercarme y abrazarte,
lo escucho en mis sueños
que poco a poco
se están volviendo pesadillas
en los rostros de mi espejo.
Tengo que conocerte
para que no seas la odiada
y te llame maestra;
ojalá la historia no te llame
corrupta de sueños,
en tiempos
que mis hermanos
se están conociendo.

## Jorge Ivan Sánchez

Jorge Ivan Sánchez García, nace el 29 de diciembre de 1990, en la aldea San José, Comapa, Jutiapa. Hijo de padres campesinos. En el 2009, cierra su nivel medio, en INED, obteniendo el título que lo acredita como Bachiller en Ciencias y Letras con orientación en Electricidad. Contrae matrimonio el 9 de agosto de 2011 con Sindy Paola Sánchez, con quien ha procreado dos hijas: Beverly Elena Sánchez y Génesis Ivana Sánchez. En 2014 ingresa a la Universidad de San Carlos de Guatemala, al Departamento de Letras, de FAHUSAC, con el objetivo de obtener el título que lo acredite como PEM en Lengua y Literatura. Escribe poesía desde el 2011 y, aunque la mayoría de sus poemas son inéditos, algunos ya figuran en un par de antologías formadas por el Doctor Mario René Dardón y un poema acobijado en el libro electrónico "Memoria del taller de poesía experimental" publicado por el canal de *Letras en Directo*.

## 32. La trompeta
-Jorge Ivan Sánchez-

Aún guarda silencio
la trompeta del Ángel,
cierta parte de la humanidad
ha anidado en su cerebro
un armamento de ideas
que fusilan el alma de
sus semejantes débiles.

La paranoia emprende su carrera
y gana protagonismo en el espíritu humano
sometiéndolo al templo de la desdicha
para que se despoje de la paz.

De rodillas caen mis hermanos,
pero, no para adorar a su señor invisible
sino para esclavizarse ante el miedo,
el caotismo psicológico
y la estupidez de los antipáticos.

Aún guarda silencio la trompeta
y un jardín de carne y huesos
ha enterrado su esencia
en el pensamiento espantoso, ¡apocalipsis!

Aún duerme el grito de la trompeta
porque el Ángel bíblico desea vacacionar.
Sin embargo, en la materia gris del hombre angustiado
la orquesta sinfónica se torna lúgubre.

Oh, alma que te ahogas
en los escupitajos de la muerte;
destierra de tu laboratorio
el veneno del pensamiento decadente
y dadle tregua sin miserias
al cúmulo de esperanzas de la aurora.

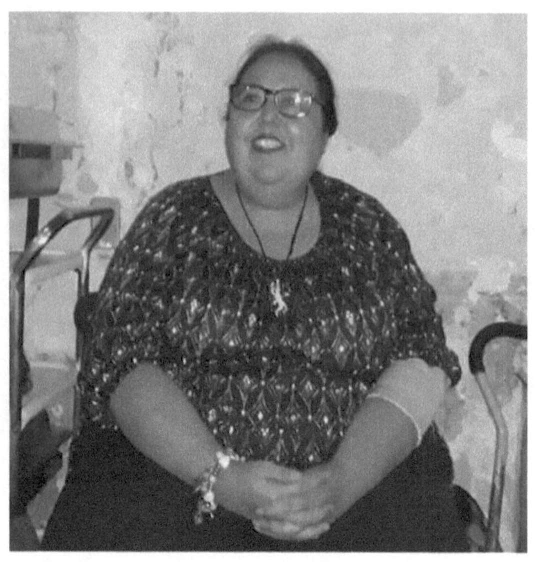

**Ruth Vaides**

Escritora guatemalteca nacida en 1973. Ha participado en múltiples recitales, eventos y festivales tanto en su país como en el extranjero. Su poesía y narrativa ha sido publicada en antologías, diarios, fanzines y revistas. También ha colaborado en blogs digitales, medios audiovisuales exposiciones y documentales. Fue jurado calificador en diversos certámenes infanto-juveniles relacionados a la literatura. Tuvo participaciones en programas culturales de radio, tanto en frecuencia abierta como a través de la web. Forma parte de los colectivos *Literatas que dan Lata* y *Corazón de Cristal*, y es miembro activo de la *Academia Nacional de Poesía*. Ha publicado los libros «Con Versos de Calibre Ignorado» (Proyecto Editorial La Chifurnia, de El Salvador, 2017), «El Pequeño Teatro de la Ira» (Editorial Alambique, 2017) y «Kodoku Shi - Muerte Solitaria» (Editorial Alambique, 2019), todos de poesía.

### 33. Hospital
-Ruth Vaides-

La luz al final del túnel
trata de extraerme el alma.
Arrastra mis lágrimas infinitas
hacía el abismo vacío de la desesperanza.
La camilla, mortal y blanca,
me muerde el cuerpo con colmillos de sábana.
Ya no hay suero intravenoso
que aminore mi suplicio.
La boca fría e invisible
me dice cosas extrañas al oído.
La fiebre quema la idea
y hace cenizas los recuerdos.
Y en un minuto eterno
el ruido del pecho se calla.
Ya no necesitaré nunca más
usar esta mascarilla.
Aquí, en este pasillo extraño
no tengo nombre ni apellido.
Alimentaré anónimamente
una triste estadística.
Dolerá aún más que la muerte,
no darte un beso de adiós.

## **Nydia Ovalle**

Nací en la ciudad de Guatemala, escribo poesía desde los básicos en el instituto. He participado en los festivales de poesía de *Grito de mujer* y *Festival Ixchel de la mujer* del 2007 a 2014. En 2014 empiezo a participar en el *Poetry Slam*, ganadora del evento de mayo del 2014, participo en cursos literarios en la *Universidad de San Carlos*, Grupo de Lectura, y festivales de poesía. Formo parte de varias antologías a nivel latinoamericano y edito un libro el cual está formado por Cinco Voces de la poesía latinoamericana. Formé parte de la *Asociación de Voces Latinoamericanas*, fui parte de la directiva e impartí Talleres de Creación Literaria virtuales. Participo en varios grupos de poesía en línea. He publicado en *Gealitera Revista Argentina*, en *Litterarte* de Argentina, en el primer Festival de Poesía del grupo *Tu casa de poesía* en Perú. He participado en la radio virtual Halcón del Perú. Asimismo, participé en el *Taller de Poesía Experimental*, impartido por el Dr. Carlos Interiano y publicado por el canal de *Letras en Directo*.

## 34. ¡Hoy!
-Nydia Ovalle-

Una maleta yo quiero para guardar mis sueños,
y mitigar mis ansias en el camino del tiempo.

Voy a destruir las agendas y a purificar el alma.

Voy a tocar el piano bajo una sombra esmeralda,
a re-descubrir el viento y avanzar bajo la tormenta.

Hoy voy a visitar a la luna,
y a viajar en un cometa,
y a inventar un mundo de poetas.

Voy a hacer versos con la mirada en el infinito,
y a leer historias sin tiempo;
a buscar aprisionadas en los libros
las risas que dan pasos diligentes,
para enterrar la apatía y el miedo.

Hoy el mar implacable camina y
juega sin la alegría de los niños,
y los jazmines blancos del jardín
brillan y ondean banderas
en las calles vacías.

Y las horas duermen,
y se escucha en el silencio profundo,
la voz de la tristeza de un luto tardío
por tantos hermanos caídos.
El sonido de la esperanza flamea en el horizonte,
y su voz no llegará a todos.

Hoy hacemos ruido de ollas
por los verdaderos héroes
con alas blancas de luz salvadora.
Y mis sueños beben
vino de sobrevivencia,
de esta realidad inexorable,
en este aislamiento que es otra vida.

Hoy quiero una maleta:
un lápiz y un cuaderno
para hacer florecer la vida,
y ver el color de las mariposas.

Y sentir en un abrazo
el amor de mi madre,
de mis hijos y llegar
a aquel beso que se quedó en el viento
en espera del encuentro.

¡HOY! los astros de la noche
caminan de nuevo
y yo espero que este raudal de vida se prolongue.

## Ana María Valdeavellano

Ana María Valdeavellano Pinot, guatemalteca. Maestra de Educación Primaria Urbana, Profesora de enseñanza Media en lengua y Literatura. Licenciada en letras, con un posgrado de Literatura Española de Madrid España, becada por el Instituto de cooperación Iberoamericana ICI. Docente a nivel medio y universitario (UVG, URL Y UMG). Autora del CNB de Español como L2, para GTZ. Autora y coautora de diez libros de texto de Comunicación y Lenguaje correctora de estilo para Mc Graw Hill, Piedra Santa, EDESSA, Ministerio de Educación y Águilas en las Alturas. Autora de: 16 poemarios publicados en Guatemala, 5 libros infantiles, un *e-book* de poesía publicado en Argentina. Incluida en varias antologías. Editora independiente, prologuista, correctora de estilo, capacitadora. Ha participado en talleres de lectura comprensiva y creativa, escritura creativa y temas de educación, comentarios de libros en colegios, universidades, Invitada a FILGUA, y la Feria del Libro Infantil.

## 35. En el asombro de tu piel
-Ana María Valdeavellano-

«El gran deseo de un corazón inquieto
es el de poseer interminablemente al ser que ama
o hundir a este ser,
cuando llega el momento de la ausencia,
en un sueño sin orillas que solo puede
terminar el día del encuentro.»
**Albert Camus, La Peste.**

Quiero escribir
mi mejor poema en el asombro
de tu piel.

Sin silencios,
sin distancia,
sin entorno,
sin temores,
sin cautela.

Insolente,
arrogante,
rasgando reservas,
sorbiendo
deseos.

Recorrerte
poro a letra,
estrofa y palabra
a beso contra gemido.

Grito,
voz y lumbre
y verso.

Quiero escribir
mi mejor poema en el asombro
de tu piel.

**Enán Moreno**

Originario de San Antonio Suchitepéquez. Guatemala. Estudió Letras. Ha escrito y publicado varios libros de poesía, entre ellos: *Libro de poemas, Palabra de Poeta, Poeta Molinero, No hay soledad amarilla, El instante iluminado* y *El Universo en la gota de rocío.* También ha publicado en periódicos y revistas. Sus poemas están incluidos en algunas antologías. Ha obtenido premios literarios. Es promotor cultural e investigador de la Literatura Guatemalteca.

## 36. Noche oscura

-Enán Moreno-

Voy
y le pregunto
a la luna de siempre
dónde termina esta noche
de paso lento insoportable
y la luna
-absurda sonrisa blanca-
no dice nada
y me deja
solo
oscuro y sin respuesta.

**Violeta De León Benítez**

Licenciada en Letras y doctora en Educación. Ha sido docente universitaria y de la Escuela Nacional de Arte Dramático. Ha ganado varios certámenes literarios, entre otros el Premio Único del Certamen Permanente "15 de Septiembre" del Ministerio de Cultura y Deportes, en la rama de Literatura Infantil. Tiene varios libros publicados y ha sido Jurado Calificador de diversos certámenes literarios.

Durante su carrera docente, ha sido objeto de distinciones como Maestra Distinguida del Ministerio de Cultura y Deportes y Humanista Distinguida del Colegio Profesional de Humanidades, entre otras.

### 37. Horas como días
-Violeta De León Benítez-

Abro los ojos y despierto
a estos días sin horas
a estas horas sin límite
minutos que parecen horas
días como semanas.
Oscurece y ya no sé
si debo dormir
o mirar la misma luna del
tiempo sin tiempo
sin medida
para pensar
llorar
sufrir
desesperar
esperar
imaginar
inventar
para vivir o…
para morir.

## 38. Ese aroma…

-Violeta De León Benítez-

Algunos -a veces-
necesitamos consuelo.
Estamos tristes
angustiados.
Entonces
Una voz conocida
saluda en el teléfono
flores de manzanilla
o dulce de manzana
llegan a la puerta de tu casa.
De tu casa-refugio
o prisión.
Te consuelas
recuerdas los abrazos
saboreas el aroma del café
que tomabas
con los amigos
no hace mucho
en las tardes de cielo azul.

## Gustavo Bracamonte

Gustavo Adolfo Bracamonte Cerón, escritor chiquimulteco. Doctor en Comunicación social, graduado en la *Universidad de San Carlos de Guatemala*, Maestría en Comunicación para el Desarrollo, licenciado en Ciencias de la Comunicación, Periodista Profesional y Profesor de Enseñanza Media en Filosofía. Ha desempeñado diversos cargos importantes, entre ellos director de la Escuela de Ciencias de la Comunicación de la USAC. Posee diversidad de libros publicados en varios géneros literarios.

### 39. Virulencias (Covid-2019)
-Gustavo Bracamonte-

«Para quien tiene miedo, todo son ruidos.»
**Sófocles.**

Amanecimos en el agujero insomne de la pesadilla,
acuclillados sobre un ladrillo incierto
y distante de los embriones vitales de las relaciones,
las bocas locas
devorando el optimismo de las ciudades
como si fueran moscas blancas
sobre las casas.
Amanecimos confinados dentro del arcabuz del tiempo
con su usual y ordinario hedor a cadáver,
el devenir sigue sin aparecer
mientras corremos al lugar del ocio
con un ojo cerrado y el otro
con pespuntes del pasado,
las canciones que alguna vez nos animaron
en las tabernas,
se colgaron involuntariamente en la nariz de la muerte
consintiendo la desesperanza,
que siempre vigilaba el rostro decaído de las noches
mientras fumábamos el desánimo;
la razón, el cardio, la sensibilidad y la sobrevivencia
entraron en trance
cuando la alegría dejó de ser el acetaminofén
contra el agobiante trabajo cotidiano,
los vecinos cerraron las puertas de su casa
el distanciamiento se convirtió en un bien social,

la ternura se relajó en una manifestación animal
quedándonos de repente vacíos
por donde la realidad cae como agua muerta,
lo observó Leopoldo M. Panero.
Irrumpe con la corona de diosa aburrida
la muerte terca y triunfante.
Siempre ella con olor a cebolla.
Pero qué existe detrás del aspaviento de la mala salud
que nos enfría el cuerpo dándole forma a la tos
de un animal petrificado en la garganta,
luego nos escondemos detrás de los muebles
a esperar que la trombosis nos aniquile de golpe,
sin darnos tiempo de alzar la banderita blanca
para despedirnos y dejar, por lo menos,
un abrazo disecado en la espalda del egoísmo.
El tiro infalible del virus deshace la carne
para que no exista más la longitud de la historia
que ha dejado por un lado la materia del porvenir
y dedicado a la vocación de espuma marítima,
que gusta de lo efímero y perversamente inútil
a los pies de la vida.
Ahora, los días nos dictan oscuros pronunciamientos
y no amanecemos esperando la primavera,
sino tocándonos
para determinar si el hálito del intangible amor, existe.
Nos despertamos con un disparo en los pulmones
y con el amasijo de plumas líquidas en la garganta,
mirándonos el lugar donde estuvo contenta
la vida.

## Rómulo Mar

Escritor. Fundador del canal *Letras en Directo* y del periódico impreso *El Revisor*. En 2018, por acuerdo municipal del ayuntamiento de Chiquimula, fue declarado «Valor Cultural del departamento de Chiquimula». Ocho libros publicados: 2 de poesía, 2 novelas y 4 de cuentos.

### 40. Diario de un virus, de un virus diario
-Rómulo Mar-

Viernes, 13 de marzo
La fecha.
El último día.
Víspera del cierre total.
La noche negra. El ataque.
Se rompe el calendario.

Miércoles, 1 de abril
Un *dealer* gentil
ofrece gel antibacterial
antes de entregar la mercancía,
dice en primera plana
una noticia.

Domingo, 26 de abril
Unos leen «La peste», de Albert Camus,
y comprueban y comparan;
sucede allí casi lo mismo
que ahora:
Toques de queda, cuarentenas,
pandemias y cierres de fronteras.

Lunes, 6 de mayo
Las personas se encierran,
o las encierran,
para evitar el contagio.
La esperanza enflaquece.
Todos han agotado los lados
hacia dónde mirar.

Miércoles, 27 de mayo
La convivencia en familia parece mejorar
y se agradece en algunos casos
y en otros se maldice.

Miércoles, 17 de junio
A falta de gimnasios,
en casa se han hecho intentos
por calentar el músculo,
pero vence la desidia.

Viernes, 10 de julio
La forma de vida es nueva,
inédita, inesperada, sorpresiva.
Los nombres de los días se olvidan.
El calendario sigue enmudecido.
Los tiempos de sueño no tienen horario,
el sonambulismo camina más lento.
El gallo canta en horas desacostumbradas.
Las cabras ya no pasan por las avenidas
ni se escucha el chasquido
del látigo del pastor.
Nunca había llovido tanto
como ahora.

Sábado, 1 de agosto
Algunos finalmente descubren el cielo,
que hay árboles y que las aves cantan,
que el agua es líquida,
transparente
y que forma ondulaciones;

que las horas no se van
"como agua entre los dedos",
y el significado de la expresión
"llueve sobre mojado".

Lunes, 24 de agosto
La reapertura deseada/indeseada.
El distanciamiento social está marcado
en el piso y en la mente.
La soledad se aburre bostezando
estallando en los pasillos y habitaciones
cuando el mutismo sucede
agigantado y largo.
Es una nota baja,
estirada y discordante
de un chelo enfermo,
una nota trepadora que sube y baja
por las paredes de la casa,
paredes que parecen más espesas,
más concretas,
más paredes.

Miércoles, 41 de septiembre...

La presente edición de *Poemas de pandemia* fue elaborada por editorial Testigo Ediciones, en septiembre de 2020.

Un especial agradecimiento por esta antología de cuarenta poemas a los 54 participantes y, particularmente, a los 33 seleccionados para este libro.

Agradecemos la colaboración de *Letras en Directo* que confió en nuestro trabajo, para elaborar, corregir, diagramar y editar este libro.

Nos complacemos en entregar este libro a la biblioteca virtual de la revista digital *gAZetaGT*; asimismo nos permitimos otro agradecimiento al suplemento cultural de *Diario La Hora*; se trata de extraordinarios medios de difusión para la cultura de nuestro país.